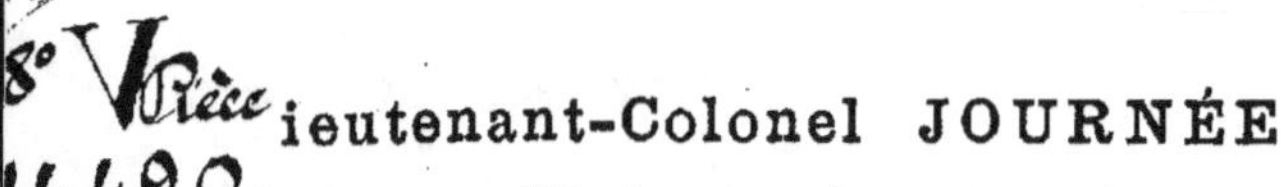

Lieutenant-Colonel JOURNÉE

DU 69ᵉ RÉGIMENT D'INFANTERIE

CHOIX ET ÉTABLISSEMENT

DES

CHAMPS DE TIR

POUR

ARMES PORTATIVES

PARIS

LIBRAIRIE MILITAIRE R. CHAPELOT ET Cᵉ

IMPRIMEURS-ÉDITEURS

30, Rue et Passage Dauphine, 30

1901

CHOIX ET ÉTABLISSEMENT

DES

CHAMPS DE TIR POUR ARMES PORTATIVES

PARIS. — IMPRIMERIE R. CHAPELOT ET Cᵉ, 2, RUE CHRISTINE.

Lieutenant-Colonel **JOURNÉE**

DU 69ᵉ RÉGIMENT D'INFANTERIE

CHOIX ET ÉTABLISSEMENT

DES

CHAMPS DE TIR

POUR

ARMÉS PORTATIVES

PARIS

LIBRAIRIE MILITAIRE R. CHAPELOT ET Cᵉ

IMPRIMEURS-ÉDITEURS

30, Rue et Passage Dauphine, 30

1901

CHOIX ET ÉTABLISSEMENT

DES

CHAMPS DE TIR POUR ARMES PORTATIVES

CHAPITRE PREMIER.

PRESCRIPTIONS RÉGLEMENTAIRES SUR CE SUJET.

L'instruction sur l'armement, les munitions et les champs de tir de l'infanterie, parue en 1888, prescrit ce qui suit au sujet du choix et de l'établissement des champs de tir destinés au tir du fusil modèle 1886 et de la cartouche modèle 1886 :

« En arrière des cibles jusqu'à une distance de 3 000 mètres dans le prolongement de la ligne de tir, il ne doit se trouver ni village ni maison habitée, à moins que le champ de tir n'aboutisse à une colline assez élevée pour arrêter toutes les balles. Sur les flancs, il ne doit y avoir ni route, ni canal, ni voie ferrée jusqu'à la distance de 300 mètres.

« On débarrasse le terrain des pierres qui s'y trouvent afin de parer aux dangers qui résulteraient d'une trop grande irrégularité des ricochets. Quand le champ de tir n'est pas limité par un escarpement naturel, il est fermé à son extrémité par une butte en terre coulante d'une hauteur minimum de 6 mètres. »

La lecture que nous avons faite de nombreux rapports établis par diverses commissions nous a prouvé que les prescriptions relatées ci-dessus sont insuffisantes pour guider les commissions qui ont à s'occuper soit du choix des champs de tir, soit d'en établir le régime ou qui ont à se prononcer sur les dangers que cause l'exécution du tir dans un terrain déterminé.

Nous avons pensé pouvoir être utile aux officiers qui ont à s'occuper de ces questions en leur faisant connaître les renseignements que les fonctions que nous avons remplies nous ont permis de recueillir sur ce sujet.

Ce que nous dirons s'applique spécialement aux champs de tir destinés à l'infanterie armée du fusil modèle 1886 ; nous indiquerons, dans un chapitre spécial, les quelques modifications qui se produisent dans la probabilité des dangers, lorsque les tirs sont exécutés avec des carabines modèle 1890, des mousquetons modèle 1892 et, enfin, avec les revolvers.

Il peut être utile de connaître où porte le gros des coups d'un tir pour traiter certaines questions relatives aux champs de tir et spécialement pour apprécier les dégâts que peut causer l'arrivée d'un très grand nombre de balles dans les bois ou dans des écrans ; mais, ce qu'il importe le plus de connaître, pour que l'on soit à même d'apprécier les dangers que cause, aux abords du champ de tir, l'exécution des tirs, et pour juger la valeur des dispositions prises pour arrêter les balles les plus divergentes ; ce sont, indépendamment des écarts des ricochets, les écarts maxima réalisés de plein fouet par les plus mauvais tireurs.

Dans ce qui suit, nous indiquerons successivement la valeur et la probabilité :

1° Des écarts qui se produisent dans le tir du fusil en joue et qui sont imputables au défaut d'adresse des tireurs ;

2° Des écarts des coups qui partent accidentellement lorsqu'un fusil se trouve dans une position quelconque autre que celle de : en joue. Nous désignerons les écarts qui se produisent dans ce dernier cas sous le nom d'*écarts anormaux* ;

3° Les écarts dus aux ricochets.

CHAPITRE II.

DANGERS RÉSULTANT DES PLEINS FOUETS MAL DIRIGÉS.

I. *Écarts probables dus au défaut d'adresse de la moyenne des tireurs.* — Les écarts probables des tirs d'une même troupe, avec une même arme, sont fort variables, suivant le mode d'exécution du tir; d'une façon générale, les écarts sont d'autant plus grands que la vitesse du tir est plus grande et que les tireurs sont plus groupés pour tirer.

Les écarts de la précision des tirs de toute espèce, faits avec le fusil modèle 1886, imputables au défaut d'adresse des tireurs et à l'arme, sont, à fort peu près, proportionnels à la distance jusqu'à la portée de 1600 mètres. Au delà de cette distance, ces écarts croissent suivant une progression un peu plus rapide, mais il nous paraît inutile, dans le cas présent, de nous en occuper.

En raison de la proportionnalité aux distances, dans les limites très étendues, il suffit de faire connaître la valeur des écarts à la portée de 100 mètres, pour qu'on puisse en déduire, avec une approximation suffisante, la valeur des écarts à une portée quelconque inférieure à 1600 mètres.

Les écarts probables verticaux, à la portée de 100 mètres, des tirs réglementaires et des tirs d'expériences, à tous les degrés de dispersion qu'une troupe peut exécuter avec le fusil modèle 1886, sont de :

$0^m,125$ dans les tirs individuels d'instruction et d'application lents ;

$0^m,25$ dans les tirs collectifs de troupe à vitesse modérée ;

$0^m,50$ dans les tirs rapides collectifs ;

$1^m,0$ dans les tirs faits par une nuit claire avec lune ;

$1^m,5$ dans les feux, en marchant, le fusil tiré à l'épaule :

$2^m,0$ dans les tirs faits par une nuit complètement obscure, au jugé ;

8^m, dans les feux, en marchant, le fusil étant tiré à la hanche ;

8^m, dans les tirs de pistolets à cheval au trot ou au galop.

Les écarts horizontaux sont, en moyenne, les $\frac{8}{10}$ des écarts verticaux.

II. *Variations des écarts avec les tireurs.* — Il résulte de recherches que nous avons faites sur ce sujet et qui ont porté sur plusieurs milliers de tireurs, que si l'on désigne par E l'écart probable que réalise l'ensemble d'une troupe dans un genre de tir déterminé, l'écart d'un tireur pris, au hasard, dans cette troupe, a une chance sur deux d'être compris dans les limites :
E $(1 \pm 0,333)$.

L'écart d'une fraction composée de n tireurs, pris au hasard dans la troupe, a une chance sur deux d'être compris dans les limites : $E \left(1 \pm \dfrac{0,333}{\sqrt{n}} \right)$

Toutefois, il y a beaucoup plus de différence entre les écarts des plus mauvais tireurs et ceux de la moyenne des tireurs, qu'il n'y en a entre ces derniers et ceux des meilleurs tireurs. On constate, en effet, que les écarts des plus mauvais tireurs peuvent atteindre la valeur 3,2 E, tandis que les écarts des meilleurs tireurs ne descendent presque jamais au desssous de 0,5 E.

III. *Écarts maxima réalisés dans le tir de très nombreux tireurs.* — Nous avons dit précédemment que l'écart probable vertical des tirs individuels d'instruction est, en moyenne, $0^m,125$ à la distance de 100 mètres ; il en résulte que l'écart probable vertical des plus mauvais tireurs sera $3,2 \times 0^m,125 = 0^m,4$.

Nous avons encore déterminé, par d'autres méthodes plus directes, la valeur des écarts probables des mauvais tireurs. A cet effet, nous avons fait relever les groupements individuels de plusieurs milliers de jeunes soldats exécutant leur premier tir à la cible. Nous avons trouvé, comme par la méthode précédente, que l'écart probable vertical des plus mauvais tireurs est $0^m,4$ par centaine de mètres et que la proportion des tireurs qui dépassent cet écart est négligeable.

Toujours dans le même but, nous avons fait relever dans 30 registres de tir de compagnie, contenant les résultats des tirs de 4 500 hommes de l'armée active, les résultats obtenus par tous les tireurs de 3ᵉ classe qui ont exécuté tous leurs tirs d'instruction. Nous en avons déduit les résultats qui sont condensés dans le tableau ci-après :

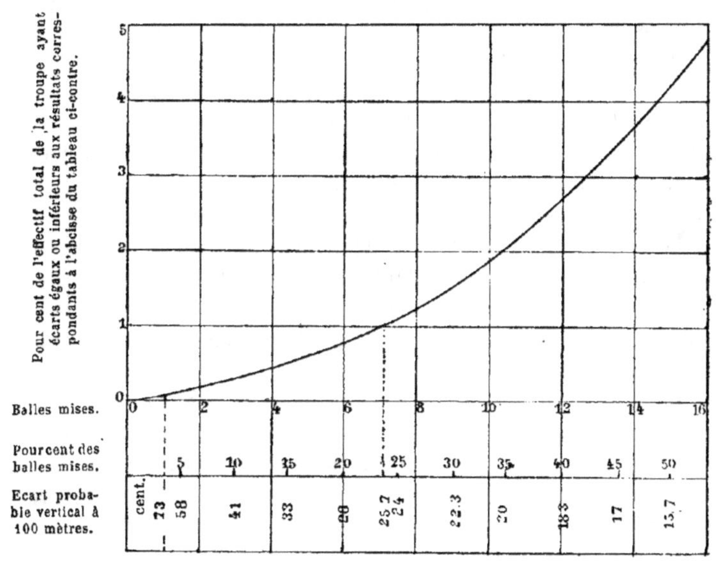

On y voit qu'il y a eu un sur 100 de ces tireurs dont les écarts ont été égaux ou supérieurs à 25ᶜ,7, un sur 330 dont les écarts ont été égaux ou supérieurs à 0ᵐ,4, et, enfin, un sur 1000 dont les écarts ont été égaux ou supérieurs à 0ᵐ,73 par centaine de mètres.

Les tireurs de 3ᵉ classe ne devraient pas, en principe, tirer au delà de 400 mètres et ne devraient pas exécuter les tirs d'application ; mais, pour des raisons qu'il n'y a pas lieu d'exposer ici, cette règle est souvent inobservée, et nous avons constaté qu'un certain nombre de mauvais tireurs, qui auraient dû être certainement classés de 3ᵉ classe, avaient fait tous les tirs d'application et, en particulier, le tir à 600 mètres.

Il s'est trouvé, en moyenne, un tireur sur mille dont l'écart probable a été de 0^m,4 par centaine de mètres sur l'ensemble des tirs d'application.

Il résulte de tout ce qui précède que, tant dans les tirs d'instruction que dans les tirs d'application lents, on peut s'attendre à rencontrer des maladroits dont l'écart probable atteint 0^m,4 par centaine de mètres. La proportion des tireurs de troupe qui dépassent sensiblement cet écart dans les tirs individuels lents au fusil, est négligeable.

Les coups les plus mal tirés par les plus mauvais tireurs ont des écarts extrêmes par rapport au point moyen ou au centre des cibles de 1^m,6 par centaine de mètres. Ces écarts extrêmes sont donc de 6^m,4 à la distance de 400 mètres et de 9^m,6 à la distance de 600 mètres.

Le centre de la cible étant, en général, à 1 mètre au-dessus du sol, les balles les plus hautes des plus mauvais tireurs passent à 7^m,4 au-dessus du pied de la cible à la distance de 400 mètres et à 10^m,6 au-dessus du pied de celles qui sont à la distance de 600 mètres.

Une butte de 6 mètres de haut, comme le prescrit l'instruction sur l'armement et les champs de tir, est donc insuffisante pour arrêter tous les coups de plein fouet dans les tirs individuels de troupe. Nous verrons, plus loin, qu'une pareille butte est encore bien plus insuffisante pour arrêter les ricochets qui se produisent dans ces tirs.

IV. *Écarts maxima dans les tirs individuels rapides.* — Le 13e tir annuel de l'infanterie, qui consiste en un feu à répétition de 8 cartouches, limité à une durée de 30 secondes, peut donner lieu, avec les troupes médiocrement instruites à cet égard, à des écarts probables de 0^m,50 par centaine de mètres. Ce tir s'exécutant à la distance de 250 mètres, les balles les plus hautes y portent à 5 mètres au-dessus du centre des cibles et à 6 mètres au-dessus du pied de ces cibles.

Les tireurs qui obtiennent les plus mauvais résultats sur l'ensemble des tirs d'instruction et d'application sont presque tous des hommes qui ont mauvaise vue. Ces hommes, *lorsqu'ils voient* le but, ne tirent pas sensiblement plus mal dans les tirs rapides et dans les tirs collectifs que dans les tirs d'instruction et d'application à vitesse très réduite.

V. *Écarts maxima dans les tirs collectifs.* — On doit éviter de faire tirer les hommes qui ont mauvaise vue en tirs collectifs à des distances où les objectifs sont peu visibles, car ces hommes tirent même lorsqu'ils ne voient pas l'objectif et dirigent leurs coups souvent très en dehors de la direction des objectifs. Ils donnent lieu, dans ce cas, à des écarts qui n'ont plus de rapport mesurable avec les écarts ordinaires et qui peuvent les dépasser de beaucoup.

Les feux collectifs, qui donnent lieu aux plus grands écarts pour l'ensemble des tireurs, sont les feux rapides. Ce genre de feux s'exécute réglementairement coup par coup à la distance de 350 mètres avec la hausse de 400 mètres et, à répétition, à la distance de 200 mètres.

La portée maximum des coups de plein fouet, les plus hauts dans les tirs rapides réglementaires, est, en terrain plan, de 1000 à 1100 mètres.

Les écarts maxima en direction des pleins fouets, lorsque le but est visible pour *tous* les tireurs, sont d'au plus 30 mètres à la portée de 1000 mètres.

Nous verrons plus loin que la zone rendue dangereuse par les ricochets a une profondeur de 2,100 mètres dans les terrains plans ou moyennement accidentés, et une largeur totale d'environ 400 à 500 mètres dans les terrains pierreux.

Or, il faut s'attendre, dans les tirs collectifs, à des ricochets sur presque tous les terrains.

La question du terrain rendu dangereux par les tirs collectifs est donc à peu près entièrement subordonnée à celle du terrain rendu dangereux par les ricochets.

CHAPITRE III.

ÉCARTS ANORMAUX.

I. *Nombre probable de départs à la position de la charge.* — Il arrive parfois que des maladroits, étant à la position de la charge, appuient sur la détente et font partir accidentellement des coups de fusil.

Il résulte des renseignements que nous avons recueillis à ce sujet dans plusieurs corps de troupe, qu'on peut estimer qu'il se produit en moyenne un départ de cette nature sur 50,000 cartouches tirées.

Il y a, en général, deux à trois départs accidentels de cette nature par régiment et par an.

II. *Départs du fusil en dehors de la position de joue et de celle de la charge.* — Il peut arriver, partout où l'on manie des armes à feu, qu'on fasse partir accidentellement une cartouche sous un angle quelconque et dans une direction quelconque.

Dans les corps de troupe, les départs de cette nature, en dehors de ceux qui ont lieu à la position de la charge et dont il a été question ci-dessus, sont heureusement fort rares, et nous estimons qu'il ne s'en produit pas plus d'un sur 500,000 cartouches tirées.

Il n'y a pas plus d'un coup de fusil par deux régiments et par an, partant dans ces conditions.

III. *Conditions d'arrêt des coups anormaux.* — Les coups qui partent accidentellement lorsque le tireur est à la position de la charge ont, en moyenne, un angle de tir de 12 degrés.

Pour que les balles partant dans ces conditions soient arrêtées, il faudrait qu'il y eût dans la direction du tir une butte ou colline à pente raide dont le relief soit au moins :

De   21 mètres lorsque la crête est à   100 mètres des tireurs.
De   42   —   —   200   —   —
De 102   —   —   500   —   —
De 184   —   —   1 000   —   —
De 204   —   —   2 000   —   —

Bien peu de champs de tir remplissent ces conditions. En tous cas, aucun champ de tir à l'air libre n'est, à notre connaissance, en mesure d'arrêter toutes les balles partant accidentellement avec des angles de tir supérieurs à 20 degrés et de les empêcher d'aller à la portée maximum du fusil. Il faudrait, en effet, des hauteurs d'au moins 800 mètres de relief dont la crête se trouverait à moins de 2 300 mètres des tireurs pour empêcher les balles tirées avec l'angle de tir d'au plus 28 degrés, d'aller jusqu'à la portée extrême (3 200 mètres).

Il faudrait que les tireurs soient dans un stand fermé dont les murs et les toits aient une épaisseur suffisante, pour que l'on soit sûr d'arrêter toutes les balles pouvant partir accidentellement.

IV. *Portée des coups anormaux.* — Les balles modèle 1886, tirées dans des fusils à la position de la charge avec l'angle de tir d'environ 12 degrés, ont une portée moyenne de 2 600 mètres.

Les balles modèle 1886, tirées à la température de 15 degrés, avec :

L'angle de tir de 15°	portent en moyenne à	2 800 mètres.		
—	20°	—	3 020	—
—	25°	—	3 100	—
—	30°	—	3 210	—
—	35°	—	3 210	—
—	40°	—	3 150	—
—	45°	—	3 050	—
—	52°	—	2 500	—

La portée maximum est obtenue avec l'angle de tir de 32 degrés, mais on voit par le tableau ci-dessus que toutes les balles dont les angles de tir sont compris entre 20 et 45 degrés portent à peu près à la portée extrême.

La portée maximum est assez fortement influencée par la température et elle est de :

2 820 mètres à la température de	—	15 degrés.	
3 030	—	0	—
3 220	—	+ 15	—
3 500	—	+ 30	—

La portée maximum varie quelque peu suivant la provenance des cartouches, parce que la forme des balles modèle 1886 n'est pas identiquement la même dans toutes les cartoucheries. Ce sont les balles qui portent la marque E. C. P. qui ont la plus grande portée. La portée de ces balles peut aller jusqu'à 3 600 mètres à la température de 20 degrés.

Le vent influe fortement sur la portée maximum. Sur de grands parcours, le vent déplace les balles d'une quantité à peu près égale au produit de la vitesse du vent par la durée du trajet. La durée du trajet étant de 25^{sec},5 à la portée de 3 200 mètres sous l'angle de tir de 28 degrés, il n'est pas rare que les balles tirées à cette portée subissent des déplacements en direction ou en portée, du fait du vent, qui soient supérieurs à 250 mètres [1].

V. *Danger résultant des coups partant accidentellement en l'air.* — Nous avons vu qu'il est fort rare d'avoir des départs accidentels à la position de la charge avec l'angle de tir de 12 degrés et qu'il est encore bien plus rare d'avoir des départs avec des angles de tir notablement plus grands que 12 degrés. Il en résulte que la portée véritablement dangereuse des exercices de tir ne dépasse pas 2 700 mètres. Nous allons, du reste, le prouver par un exemple.

Dans l'axe du champ de tir d'une des grandes garnisons de l'Est, se trouve un hameau qui est à 3 200 mètres de la butte du champ de tir. Ce hameau a des jardins et des champs cultivés qui vont jusqu'à 2 800 mètres de la butte. Au delà de ces champs, du côté du champ de tir, se trouve une forêt.

Nous avons eu à faire une enquête au sujet de ce champ de tir, d'où il est résulté qu'aucun habitant de ce hameau n'a jamais entendu tomber une balle, soit dans le hameau, soit dans les champs avoisinants.

A l'époque où nous avons fait notre enquête, il avait été déjà tiré quatre millions de cartouches modèle 1886 en feux de toute espèce exécutés par de l'infanterie active, de réserve ou de territoriale, par de la cavalerie et par de l'artillerie.

Nous pourrions citer encore d'autres champs de tir servant à de nombreuses troupes et dans le prolongement desquels on n'a jamais observé de balles arrivant au delà d'environ 2 600 mètres. Les balles modèles 1886 sont meurtrières même à la portée

---

[1] Les balles tirées avec de grands angles de tir font la plus grande partie de leur trajet à une assez grande élévation au-dessus du sol. Or, la vitesse du vent est, en général, d'autant plus grande que l'altitude est plus grande. Lorsque la vitesse du vent est de 5 mètres près du sol, elle est en général de 10 mètres à une hauteur de 50 mètres et de 20 mètres à une hauteur de 300 mètres au dessus du sol.

extrême, ou encore lorsqu'elles retombent sur le sol après avoir été tirées verticalement.

Jusqu'à ce jour, il n'y a pas eu en France d'accidents de personnes causés par le tir des fusils modèle 1886, à une portée supérieure à 2 600 mètres. Cette absence d'accidents n'est pas due à une insuffisance du pouvoir meurtrier des balles, mais bien au nombre insignifiant des balles qui dépassent la portée de 2 600 mètres.

Lorsque des balles, arrivant à une grande portée, inférieure pourtant à 2 200 mètres, ont une très faible pénétration, c'est qu'elles atteignent cette portée à bout de course après un ou plusieurs ricochets.

Les coups qui sont tirés accidentellement avec des angles de tir assez grands pour que la balle aille à plus de 2 800 mètres, ont bien des chances d'être tirés aussi très obliquement par rapport à la direction des cibles, ils peuvent même être tirés dans la direction opposée à celle des cibles.

Dans aucun champ de tir on ne se préoccupe des dangers que peuvent faire courir les balles tirées très en dehors de la direction des cibles.

Si l'on était tenu de s'en préoccuper, il faudrait installer les tireurs au fusil au centre d'un terrain d'au moins 7 000 mètres de diamètre, débarrassé de toute habitation et interdit à toute circulation.

CHAPITRE IV.

DES RICOCHETS.

I. *Utilité de connaître la façon dont les balles ricochent.* — Les ricochets donnent lieu, avec les fusils, à des écarts qui peuvent être très fréquemment supérieurs à ceux que la maladresse des plus mauvais tireurs cause aux coups de plein fouet les plus divergents.

Les dangers qui résultent de l'exécution du tir pour les abords des champs de tir et leur prolongement sont presque entièrement dus aux ricochets.

La connaissance des conditions dans lesquelles se produisent les ricochets, la connaissance de leur portée, de leurs déviations et de leur probabilité est donc indispensable pour apprécier les dangers résultant du tir sur un terrain déterminé.

II. *Loi générale des ricochets.* — Les ricochets des balles modèle 1886 peuvent se produire sur le sol ordinaire dans la proportion donnée par le tableau ci-après :

Angle d'arrivée A.	Proportion de ricochets.	Portée correspondante à l'angle d'arrivée A en terrain plan, avec le fusil et la cartouche m^le 1886.
1°	99 p. 100.	600 mètres.
3	90 —	1100 —
11	50 —	1850 —
14	25 —	2030 —
16	0 —	2150 —

Lorsque le sol est couvert d'une croûte glacée, les ricochets peuvent se produire jusqu'à l'angle d'arrivée de 25 degrés, ce qui correspond, pour la balle modèle 1886, à la portée de 2 400 à 2 500 mètres.

Tous les projectiles d'infanterie ou d'artillerie peuvent atteindre, en ricochant une ou plusieurs fois et quelle que soit la distance du premier ricochet, la portée à laquelle ils auraient cessé de ricocher en terrain horizontal dans le tir de plein fouet.

Cette portée est de 2 100 mètres avec les cartouches modèle 1886 ; elle est de 1600 mètres avec les fusils modèle 1874 et presque tous les anciens fusils du calibre 11^mm ; elle est de 600 mètres avec les cartouches des revolvers modèle 1873 et 1892.

Toutefois, il y a lieu d'ajouter que toutes les balles qui ricochent n'atteignent pas la portée extrême des ricochets. La proportion de celles qui atteignent une portée déterminée, au delà du point où s'est produit le ricochet, est d'autant moindre que cette portée est plus grande.

Les projectiles de toute nature ricochent sur toutes les espèces de terrain.

Les balles ricochent fort bien sur l'eau, sur la neige et sur des prairies marécageuses. La limite des ricochets sur l'eau est à peu près la même que sur un sol ferme et ayant à peu près les mêmes ondulations.

Lorsque le sol est irrégulier, comme l'est celui d'un champ fraîchement labouré, dont les sillons profonds se trouvent perpendiculaires à la direction du tir, la proportion de ricochets diminue à peu près de moitié aux grandes distances, mais cet état du sol n'a pas d'influence bien sensible aux distances inférieures à 1000 mètres.

On a essayé, dans un stand d'essai fait en 1889, au camp de Châlons, de répandre une couche épaisse de tannée en poudre sur le sol. On a reconnu que les ricochets étaient aussi fréquents et aussi irréguliers sur cette tannée qu'ils le sont sur le sol du camp de Châlons.

Lorsque des balles rencontrent des pierres avec une grande vitesse, elles se brisent, se pulvérisent même en partie, et cela d'autant plus complètement que l'angle d'arrivée est plus grand.

Les éclats des balles de plomb qui se trouvent brisées sur des pierres sont très divergents, mais ils ont d'autant moins de portée qu'ils sont plus divergents.

Très peu des éclats des balles qui se sont brisées sur des pierres vont à plus de 150 mètres en dehors de la direction du tir. Il semble résulter des expériences faites à ce sujet par M. le commandant Sorbet à l'École de La Valbonne, qu'aucun éclat ne va à plus de 200 mètres en dehors de cette direction.

La portée des éclats des balles qui se sont brisées sur des pierres est relativement faible, et la portée *moyenne* des ricochets qui se produisent sur des pierres est beaucoup moindre que celle des balles qui ricochent sur un sol meuble et sans pierres.

Lorsqu'un champ de tir a ses abords latéraux libres sur 250 mètres au moins de chaque côté et lorsque le terrain, à moins de 2 000 mètres de la butte, ne peut pas être entièrement interdit à la circulation, il est préférable que le sol du champ de tir soit très caillouteux plutôt qu'en terre végétale.

Lorsque le sol n'est nullement caillouteux, tel est le cas des plaines de la Champagne et de certaines plages de sable, les écarts des ricochets des balles modèle 1886, en dehors du plan de tir, sont au plus de 20 mètres sur la droite et de 80 mètres sur la gauche.

L'angle de ricochet est, *en moyenne*, double de l'angle d'arrivée, mais le rapport de ces deux angles est très variable et l'angle de ricochet, qui est parfois égal à l'angle d'arrivée, peut être, dans d'autres cas, vingt fois plus grand.

Lorsqu'une série de balles viennent frapper le sol à peu près au même point, leurs ricochets forment une gerbe qui a une ouverture totale d'environ 30 mètres de large et 30 mètres de haut à 100 mètres au delà du point de ricochet.

Le premier bond des ricochets est, en moyenne, de 500 mètres lorsque la distance à laquelle se produit le ricochet est inférieure à 1000 mètres. A des distances plus fortes, l'amplitude de ce bond décroît et elle n'est plus que d'environ 200 mètres à la distance de 2 000 mètres.

Les ricochets qui se produisent aux petites et moyennes distances ont une flèche qui est de 10 à 15 mètres en moyenne ; cette flèche varie notablement d'un coup à l'autre. Une butte de 10 mètres de relief au-dessus d'un sol plan n'arrête que la moitié des ricochets qui se produisent à plus de 100 mètres de la crête de cette butte. Nous avons constaté ce fait en faisant tirer des balles systématiquement courtes sur un polygone plan terminé par une butte de 10 mètres de relief au-dessus du sol du polygone.

Nous avons eu également l'occasion de constater dans le champ de tir d'une grande garnison de l'Est, qu'une hauteur boisée et à pente assez raide, de 45 mètres de relief au-dessus du plan du terrain du champ de tir [1], qui se trouve en arrière d'une butte de 12 mètres de haut, laisse passer au-dessus d'une route qui est à 800 mètres en arrière de la butte et sur la crête de la hauteur, une assez forte proportion des balles qui ricochent en avant de la butte.

Il résulte d'autres observations, faites dans plusieurs champs de tir, qu'il faut une hauteur à pente d'au moins 20 p. 100 et d'au moins 60 mètres de relief au-dessus du plan de tir pour

---

[1] Le relief total de cette hauteur est de 92 mètres au-dessus de l'horizontale passant par les tireurs placés à la distance de 350 mètres de la butte.

arrêter *tous* les ricochets des balles de fusil, qui peuvent se
produire sur le sol à plus de 100 mètres en avant de la hauteur.

Il faut compter le relief des hauteurs, au point de vue de leur
capacité, pour arrêter les ricochets, non pas au-dessus de l'horizontale passant par les tireurs, mais bien au-dessus de la ligne
qui joint le tireur au point où se produit le premier ricochet
ainsi que l'indiquent les figures 1 et 2.

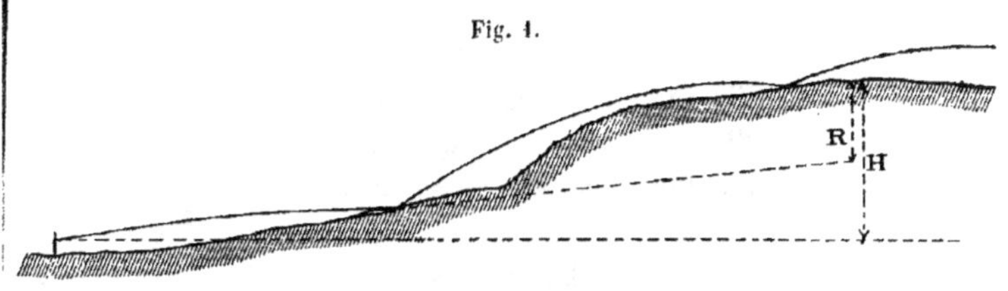

Fig. 1.

Fig. 2.

Dans la figure 1, le relief utile pour arrêter les ricochets est R,
il est inférieur au relief topographique qui est H ; dans la figure 2,
le relief topographique est nul, et le relief utile contre les ricochets est R.

Pour un même genre de tir, on a des ricochets d'autant plus
rapprochés du tireur, et qui risquent d'autant plus de sortir du
champ de tir, que la ligne de tir rase le sol de plus près.

Nous allons indiquer, dans ce qui suit, la méthode de calcul
que l'on peut employer pour déterminer la distance à laquelle
se produira une proportion déterminée de ricochets, en suppo-
sant le terrain plan.

A titre d'exemple, nous déterminerons à quelle distance des
tireurs se produira probablement le ricochet le plus rapproché
d'eux, lorsqu'une troupe de tireurs de 3ᵉ classe tirera 100 coups
sur une cible dont le centre est à 1 mètre au-dessus du sol.

Fig. 3.

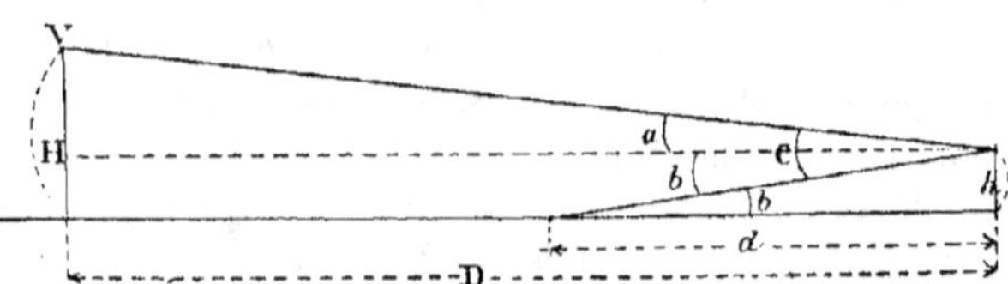

La hauteur du fusil au-dessus du sol est :

$h = 1^m,5$ pour les tireurs debout ;
$\quad = 0^m,9$ pour les tireurs à genou ;
$\quad = 0^m,25$ pour les tireurs couchés.

D'autre part, l'écart probable des tireurs de 3e classe étant, en moyenne, de $0^m,165$ par centaine de mètres, 99 p. 100 de leurs coups ont un écart, par rapport au point moyen qui est inférieur à $3,83 \times 0^m,165 = 0^m,63$. Sur 100 coups tirés, le coup qui aura le plus grand écart vers le bas et qui donnera lieu au ricochet le plus rapproché des tireurs en visant un point V situé à une hauteur H au-dessus du sol, aura une déviatiation c vers le bas, définie par la relation $\mathrm{Tg}\, c = \dfrac{0,63}{100} = 0,0063$

La distance d, à laquelle cette balle atteindra le sol, sera donnée par les relations :

$$\frac{h}{d} = \mathrm{Tg}\, b ;$$
$$b = c - a \text{ lorsque le fusil est plus bas que V} ;$$
$$b = c + a \text{ lorsque le fusil est plus haut que V} ;$$
$$\mathrm{Tg}\, a = \frac{H - h}{D}.$$

On trouve, en suivant cette méthode, que, dans les tirs individuels des tireurs de 3e classe sur un but placé à 1 mètre au-dessus d'un sol plan, il y aura au moins 1 p. 100 des ricochets qui se produiront à une distance des tireurs inférieure aux distances du tableau ci-après :

DISTANCES DE LA CIBLE.	TIREURS.		
	Debout.	A genou.	Couchés.
	Distances aux tireurs des ricochets les plus rapprochés.		
200 mètres................	170 mèt.	155 mèt.	100 mèt.
400 —	200 —	150 —	57 —
600 —	210 —	150 —	50 —

En général, la crête de la butte est à une distance de 20 mètres des cibles ; dans ces conditions, les ricochets les plus éloignés de la crête de la butte se produiront à une distance d'au moins :

DISTANCE DES TIREURS.	TIREURS		
	Debout.	A genou.	Couchés.
	Distance des ricochets à la crête de la butte.		
200 mètres................	50 mèt.	65 mèt.	120 mèt.
400 —	220 —	70 —	370 —
600 —	410 —	70 —	570 —

Il résulte du tableau ci-dessus et des renseignements déjà donnés sur les déviations des ricochets que, en exécutant des tirs individuels lents à la distance de 200 mètres, il y a peu de chance d'avoir un ricochet passant au-dessus d'une butte de 10 mètres lorsqu'on tire debout et à genou, mais qu'il y a des chances pour que des ricochets passent par-dessus la butte dans le tir couché. Cette probabilité devient une certitude dans un tir prolongé aux distances de 400 à 600 mètres sur le terrain envisagé.

Dans les tirs rapides individuels ou encore dans les tirs collectifs, lorsqu'on vise le pied de la cible avec des écarts extrêmes de 2 mètres par centaine de mètres, on aura au moins 1 p. 100 de ricochets qui se produiront à une distance des tireurs inférieure aux distances du tableau ci-dessous :

DISTANCES DE LA CIBLE.	TIREURS.		
	Debout.	A genou.	Couchés.
	Distance aux tireurs des ricochets les plus rapprochés.		
200 mètres................	55 mèt.	37 mèt.	12 mèt.
400 —	63 —	40 —	12 —
600 —	67 —	42 —	12 —

2

Dans les tirs rapides et les tirs collectifs on peut s'attendre à avoir des ricochets passant au-dessus d'une butte de 15 mètres de relief et au-dessus d'une colline de 40 mètres de relief dont la crête se trouve en arrière de la butte.

Le seul moyen pratique pour diminuer les ricochets et les dangers qui en résultent pour les abords du champ de tir, consiste à placer les tireurs le plus haut possible au-dessus du sol qui est en avant d'eux, ou, plus exactement, à écarter le plus possible la ligne de tir du sol.

Fig. 4.

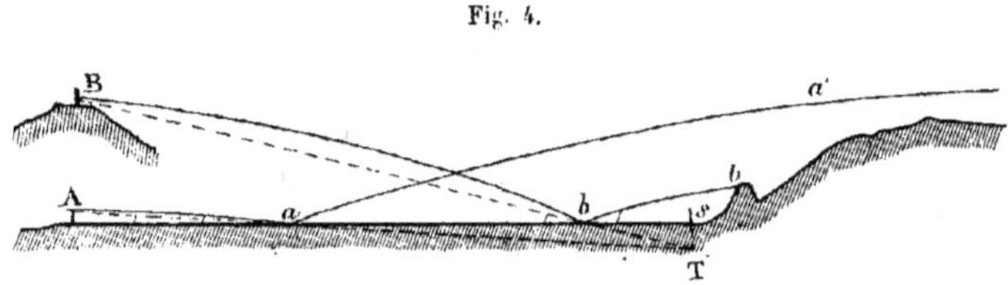

Un même écart sT des lignes de mire BT et AT par rapport au but s produira le ricochet en a pour le tireur placé en A et produira le ricochet en b pour le tireur placé en B. Il est facile de voir que le ricochet aa' a bien plus de probabilités de franchir la butte et les hauteurs au fond du champ de tir que le ricochet bb'.

Les ricochets ont des trajectoires souvent beaucoup plus plongeantes dans leur partie descendante que les trajectoires des pleins fouets. Les ricochets peuvent aller fouiller d'une façon dangereuse les couverts à l'abri des pleins fouets. Il résulte de ce fait que la recherche des zones défilées des coups de plein fouet par l'abri qu'offre la butte ou les accidents du terrain au fond du champ de tir est illusoire lorsque les ricochets peuvent les dépasser.

Lorsque, après un ricochet, l'axe de la balle se trouve incliné sur la tangente à la trajectoire, et c'est le cas le plus fréquent, la trajectoire du ricochet prend la forme d'une hélice dont le rayon et le pas varient avec l'inclinaison de l'axe de la balle et avec sa déformation [1]. Il en résulte qu'une balle qui a ricoché en

Fig. 5.

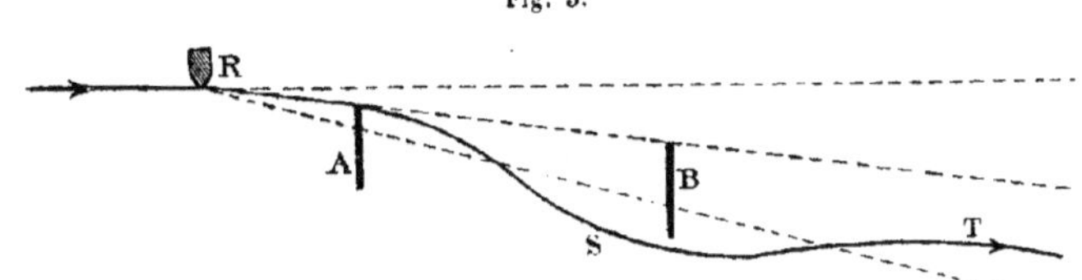

R (*fig.* 5) et qui décrit la trajectoire hélicoïdale R S T, peut passer derrière l'écran B, après avoir rasé l'écran A.

Cette observation a son importance dans les stands où l'on emploie des écrans paraballes et aussi dans le relevé des angles de ricochets.

En raison de cette forme hélicoïdale de la trajectoire des balles, on n'est complètement à l'abri des ricochets dans une tranchée non couverte, que lorsqu'on se trouve appuyé contre le talus du côté des tireurs et lorsque la crête de la tranchée se trouve à 0^m,50 au moins au-dessus de la partie la plus élevée des hommes qui y cherchent un abri. Même dans ces conditions, il faut que ces hommes se tournent du côté vers lequel on tire, car s'ils étaient tournés du côté des tireurs, ils pourraient recevoir dans les yeux des éclats de pierre ou de la terre.

Il faut être couvert sur une hauteur plus grande lorsque la tranchée est dans un sol caillouteux ou rocheux, que lorsqu'elle est faite dans la terre sans cailloux.

Les balles qui rencontrent des plaques de fer de plus de 3^{mm} d'épaisseur, ou des pierres dures qu'elles ne peuvent traverser, se pulvérisent sur ces obstacles d'autant plus complètement que la direction du choc se rapproche davantage de la normale à la plaque. Lorsque le choc est à peu près normal (*fig.* 6), la majeure partie des éclats est projetée latéralement et presque parallèlement à la surface de l'obstacle, tout autour du point frappé.

Les éclats, projetés latéralement, peuvent aller jusqu'à une

---

[1] En général, le pas est de 5 à 10 mètres ; quant au rayon, il peut dépasser 2 mètres. On peut observer ces trajectoires hélicoïdales avec une lunette.

cinquantaine de mètres du point frappé. A petite distance du
point où la balle éclate, ces éclats sont fort dangereux et les

Fig. 6.

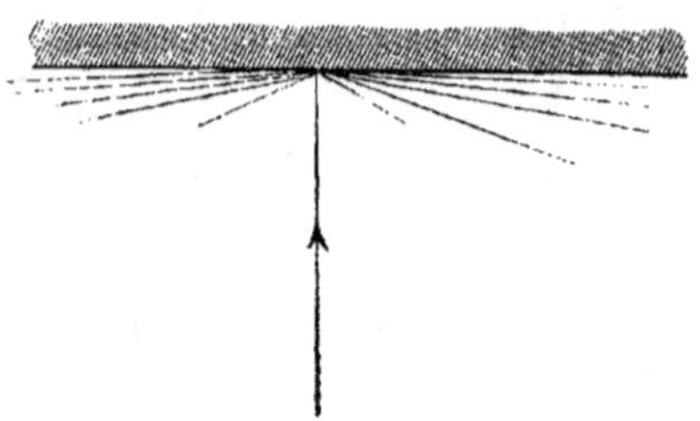

plus gros d'entre eux ont une assez grande puissance de pénétration.

Quelques menus éclats reviennent directement en arrière,
mais sans grande force, et leur portée en arrière ne dépasse pas
une quinzaine de mètres.

orsq ue l'angle d'arrivée E B D d'une balle sur une plaque B D

Fig. 7.

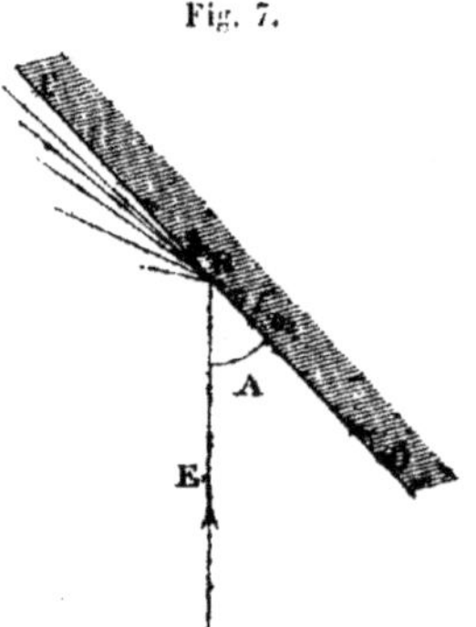

(*fig.* 7) est inférieur à 45 degrés, tous les éclats de la balle sont
projetés dans la direction C B.

La pénétration, la rupture et la pulvérisation d'une balle
contre une plaque inclinée d'un angle A (*fig.* 7) sur la direction
EB de la trajectoire est à peu près proportionnelle au produit
V sin A, dans lequel V est la vitesse d'arrivée de la balle.

*Tir du fusil modèle 1886, avec des cartouches modèle 1886,
sur des plaques d'acier.*

Vitesse d'arrivée = 612 mètres.

ANGLE			
d'arrivée.	de ricochet.	V sin A.	OBSERVATIONS.
4°,30′	2°	48 mèt.	Balle non brisée.
7°,10′	2°,40′	75 —	Id.
10°	2°	107 —	La pointe de la balle a éclaté.
11°	1°,10′	114 —	Balle brisée en 2 morceaux.
20°	0	205 —	Balle complètement brisée et éclatée.
23°	1°,30′	241 —	Id.
36°	2°	360 —	Balle pulvérisée.
41°	1°,30	403 —	Id.
45°	2°	435 —	Id.

Lorsqu'on relève des empreintes de balles allongées sur des
matériaux de moyenne résistance, tels que du bois ou des cibles
dans lesquels ces balles ont pénétré, il n'y a pas lieu de conclure
d'une façon certaine du fait qu'une empreinte de balle est circulaire et non allongée, que cette balle est arrivée de plein fouet
et non par ricochet.

Dans les expériences que nous avons faites sur les ricochets,
nous avons constaté que 40 p. 100 des ricochets font, sur des
cibles, des empreintes tellement circulaires, qu'on les aurait
attribuées à des pleins fouets, si l'on n'avait pas été absolument
certain qu'elles avaient été produites par des ricochets.

D'autre part, il faut également savoir que les balles de plein
fouet ont une inclinaison sensible de l'axe sur la tangente à la
trajectoire au delà de 1000 mètres et que les empreintes qu'elles
font dans ce cas, sur des cibles en bois ou en papier, sont quelque peu allongées.

CHAPITRE V.

CHAMPS DE TIR.

'I. *Champs de tir pour l'infanterie.* — Les renseignements qui
précèdent permettent de compléter comme il suit les indications

données dans l'instruction sur les champs de tir au sujet du choix de ces terrains.

Il faut une hauteur à pente d'au moins 20 p. 100 et d'un relief d'au moins 60 mètres au-dessus du plan de tir, pour arrêter *toutes* les balles qui ont ricoché sur le terrain compris entre les tireurs et la hauteur.

Une butte de 10 mètres de relief et de 50 mètres de large n'arrête qu'environ la moitié des ricochets qui se produisent à plus de 100 mètres de la crête de cette butte et dans l'axe du champ de tir.

Lorsque le terrain au delà de la butte n'arrête pas les ricochets, le terrain réellement rendu dangereux par les ricochets s'étend lorsque le terrain est plan ou moyennement accidenté jusqu'à 2 100 mètres de la position occupée par les tireurs.

Le danger causé par le tir est très faible de 2 100 mètres à 2 700 ; il est pratiquement nul au delà de 2 700 mètres.

Lorsque les flancs du champ de tir sont libres sur plus de 250 mètres de largeur à hauteur des cibles, il n'y a pas d'inconvénients à ce que le sol du champ de tir soit rocheux ou couvert de cailloux. Un terrain caillouteux est même avantageux lorsque la profondeur, libre de toute circulation, est inférieure à 2,000 mètres.

Les banquettes ou crémaillères interposées entre le tireur et la butte sont loin d'empêcher tous les ricochets. Telles qu'on les fait habituellement, elles ont pour inconvénient de rapprocher la crête des banquettes de la trajectoire et de rendre les ricochets assez probables sur ces crêtes. Les ricochets qui se produisent dans ce cas ont une grande probabilité de s'élever beaucoup et d'aller fort loin.

Le meilleur moyen pour prévenir les ricochets consiste à organiser le tir de telle sorte que les trajectoires passent le plus loin possible du sol ou des obstacles sur lesquels ces ricochets pourraient se produire.

II. *Champs de tir destinés au tir du mousqueton modèle* 1892 *et de la carabine modèle* 1890. — Les mousquetons et carabines du calibre 8^{mm}, en service en France, donnent lieu, avec des tireurs d'une même adresse, à des écarts moitié plus grands que ceux du fusil modèle 1886.

La puissance et la portée extrême des balles tirées dans les armes courtes n'est que peu inférieure à celles des balles tirées dans le fusil.

Les dangers résultant, pour les abords du champ de tir, de l'exécution du tir avec les armes courtes de 8^{mm}, sont notablement plus grands qu'avec le fusil. On a eu l'occasion de le constater dans tous les polygones où l'on fait tirer alternativement de l'infanterie, de la cavalerie ou de l'artillerie.

III. *Tirs au revolver.* — La portée extrême du revolver modèle 1873 est de 1000 mètres, celle du revolver modèle 1892 est de 1100 mètres.

La balle du revolver modèle 1892 est encore fort dangereuse pour l'homme à 800 mètres.

Les écarts à craindre dans les tirs au revolver sont considérables, mais comme ces tirs se font à petite distance, il est facile de trouver une butte ou un pli de terrain qui donne une protection suffisante, sauf contre les coups anormaux provenant de départs accidentels.

Beaucoup de tireurs au revolver ont la mauvaise habitude, après avoir tiré une série de cartouches, d'exécuter un tir continu avec le canon en l'air afin de s'assurer que toutes les cartouches contenues dans le barillet sont parties. Les balles qui partent assez souvent dans ces conditions peuvent aller causer des accidents loin du champ de tir. Il y a lieu d'interdire complètement ce mode de déchargement du revolver.

CHAPITRE VI.

RECHERCHE DU POINT OÙ PORTENT CERTAINES BALLES.

Il peut être utile, dans certains cas, de rechercher le point qu'atteindront de plein fouet des balles partant dans des conditions bien déterminées et dont l'angle de tir est défini, par exemple, par la condition de raser la crête d'une hauteur, ou d'une butte, ou d'un paraballe.

Pour résoudre ce problème d'une façon simple il convient de faire un profil suffisamment exact du terrain dans la direction du tir. Il est avantageux de prendre l'échelle des hauteurs, cinq fois plus grande que l'échelle des longueurs, et d'adopter l'échelle du $\frac{1}{10000}$ pour les longueurs, et celle du $\frac{1}{2000}$ pour les hauteurs.

On tracera également sur un papier-calque les trajectoires de la balle pour les portées de 1000, 1500, 2 000 et 2 500 mètres, aux mêmes échelles que le profil du terrain.

En appliquant une de ces trajectoires sur le profil du terrain on trouvera facilement le point où porte une balle partant dans des conditions déterminées.

Les exemples ci-après feront comprendre l'usage que l'on peut faire de cette méthode.

Ces exemples se rapportent à des champs de tir existant effectivement.

Les tireurs, placés à 300 mètres des cibles sur le champ de tir représenté figure 8, et dont les balles sont tirées de façon à

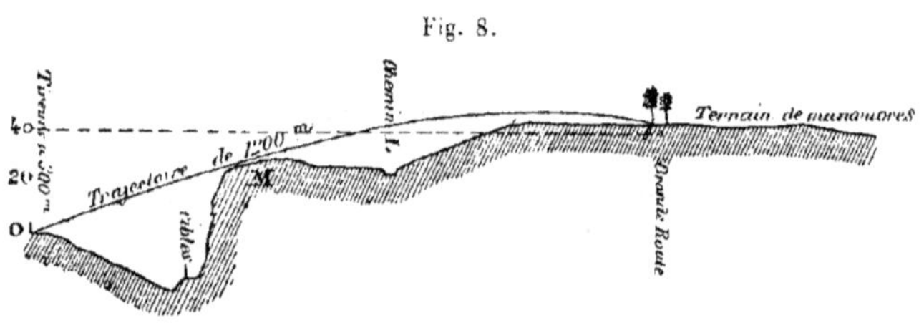

raser la crête M, atteignent la grand'route qui est à 1200 mètres de leur position. Ces balles et celles qui sont tirées encore un peu plus haut peuvent battre de plein fouet le terrain de manœuvres qui est au delà de la grand'route.

Le terrain qui est entre la crête M et la grand'route, qui est défilé des pleins fouets, ne doit cependant pas être considéré comme étant complètement à l'abri des balles, car il peut être battu par les balles qui ont ricoché sur la crête M. On a eu l'occasion de constater que ces deux ordres de faits étaient quelquefois réalisés.

Le champ de tir représenté figure 9, a une butte de 20 mètres de relief. Cette butte protège à peine la route VM qui est à

1350 mètres de la butte, contre les balles arrivant de plein fouet et qui ont été tirées à 200 mètres de la butte, en rasant la crête de celle-ci.

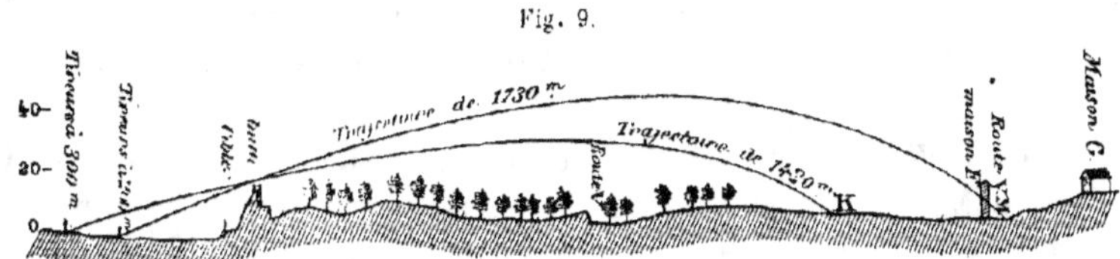

Fig. 9.

Le terrain entre la route VM et la butte, qui est défilé des pleins fouets ne peut pas être considéré comme étant complètement à l'abri, car ce terrain peut être battu par les balles qui ricochent en avant de la butte et qui passent au-dessus de celle-ci.

Le champ de tir représenté figure 10 est dans des conditions parfaites au point de vue de la sécurité, quoiqu'il y ait un fau-

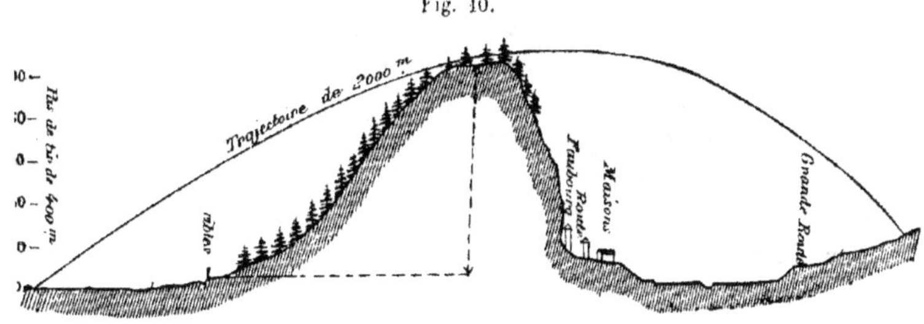

Fig. 10.

bourg dans le prolongement du champ de tir et à 1200 mètres des tireurs, et quoique le même prolongement rencontre une grande route à 1750 mètres.

Le terrain qui s'étend depuis la crête de la colline jusqu'à la portée de 2 000 mètres, ne peut pas être atteint par les pleins fouets ; il ne peut pas l'être non plus par les ricochets, car la colline qui est au fond du champ de tir, qui a un relief utile de près de 100 mètres et une pente de 40 p. 100 sur une grande partie de sa hauteur, ne peut laisser passer *aucun ricochet*.

CHAPITRE VII.

CHAMPS DE TIR TEMPORAIRES ET CHAMPS DE TIR
DE CIRCONSTANCE POUR L'EXÉCUTION DES TIRS DE COMBAT.

I. *Réglementation actuelle à ce sujet.* — « Les champs de tir temporaires sont établis sur des terrains prêtés par les communes ou les particuliers et mis, chaque année, à la disposition des troupes pendant une ou plusieurs périodes de peu de durée, pour leur permettre l'exécution des tirs réglementaires qu'elles n'auraient pu effectuer dans leurs garnisons.

« Les champs de tir de circonstance sont des terrains qu'on a reconnus pouvoir se prêter à l'exécution de quelques tirs réels au cours d'une manœuvre ou d'un exercice effectué à une époque convenable. Ces terrains ne sont jamais pris en location ; les tirs y sont limités à une ou deux séances de peu de durée. Dans le double but de ménager les intérêts des populations et d'exercer les cadres et la troupe à exécuter les feux dans des sites divers, ces champs de tir ne doivent pas, en principe, être utilisés à différentes reprises, tout au moins à intervalles rapprochés. » (Extrait de la circulaire ministérielle du 6 juillet 1899.)

La procédure à suivre pour le choix des champs de tir de circonstance et des champs de tir temporaires est réglée par les circulaires du 8 avril et du 21 mai 1895, du 28 juillet 1897 et du 6 juillet 1899, et enfin par la loi du 17 avril 1901.

II. *Conditions à remplir.* — Les conditions à remplir par ces terrains de tir sont définies par l'article 58 de l'instruction de 1888 sur les champs de tir de l'infanterie et qui est ainsi conçu :

« Les terrains employés pour l'exécution des tirs de combat doivent présenter des garanties suffisantes de sécurité. On n'y élève pas de buttes. Lorsqu'il n'est pas possible de construire des abris pour les marqueurs et les observateurs, ceux-ci se placent pendant l'exécution des tirs un peu en avant des objectifs et à 250 ou 300 mètres sur l'un des flancs.

« La largeur de ces terrains sera donc de 500 mètres au moins.

Les abords devront pouvoir être facilement surveillés afin d'assurer une complète sécurité pendant l'exécution des feux. »

Nous nous proposons de compléter ces règles sommaires et d'indiquer dans ce qui suit les conditions techniques qui doivent servir de base pour le choix de ces terrains.

Lorsqu'on exécute des feux sur un champ de tir temporaire ou de circonstance, on doit prendre des mesures de sécurité pour empêcher les hommes et les animaux domestiques de circuler pendant le tir dans toute la zone qui peut être atteinte par les balles autres que celles qui partent tout à fait accidentellement en dehors de la direction habituelle du tir.

On doit, en outre, éviter que les balles n'aillent frapper de grands arbres.

Un gros arbre peut recevoir plusieurs balles sans que sa vitalité en soit modifiée, mais le bois traversé par des balles perd un peu de sa valeur comme bois de construction, et quelques exploitants prétendent que, lorsque le bois est débité à la machine, la présence des balles modèle 1886 logées dans le bois peut quelquefois amener la rupture des scies à ruban (?). En tous cas, les propriétaires ou adjudicataires des bois prennent souvent prétexte de quelques balles arrivées dans les arbres pour demander des indemnités le plus souvent très exagérées.

Dans le but d'éviter ces demandes d'indemnité, le tir doit toujours être dirigé de telle sorte qu'il ne puisse pas arriver un nombre notable de balles dans un bois qui comprend des arbres de haute futaie ou dans une ligne de beaux arbres en bordure. On doit également éviter d'atteindre avec un nombre notable de balles des arbres fruitiers et de la vigne.

On ne commet pas de dégâts notables en envoyant quelques centaines de balles dans un bois taillis destiné à être exploité comme bois de chauffage.

Un terrain sur lequel on exécute des feux peut être divisé en deux zones comme il suit, au point de vue des dangers et des dégâts que peut y causer le tir :

1° *La zone de terrain réellement battu et dangereux* est celle dans laquelle les balles arrivent ou peuvent arriver en nombre considérable. Cette zone comprend d'abord tout le terrain que

peuvent occuper les tireurs, et elle s'étend ensuite en avant de
la position la plus avancée des tireurs jusqu'à l'extrémité de la
zone battue par les ricochets, soit, en terrain plan, à 2 100 mètres de la position la plus avancée des tireurs ;

2° *La zone de sécurité*. Cette zone commence à 2 100 mètres
des tireurs et s'étend jusqu'à la portée extrême de l'arme, soit
3 200 mètres.

La zone de sécurité doit s'étendre également sur les flancs, à
une distance qui sera indiquée plus loin.

Il y a lieu d'interdire la circulation dans cette zone en vue
d'éviter la production d'accidents possibles, quoique très peu
probables, au delà de 2 700 mètres.

Il peut y avoir sans inconvénients de grands arbres et des
bois de haute futaie dans la zone de sécurité. Il ne doit pas y en
avoir dans le prolongement des lignes de tir à l'intérieur de la
zone réellement battue. Toutefois, on peut comprendre dans le
périmètre de la zone battue des boqueteaux et des lignes d'arbres en bordure, à condition que le régime du tir spécifie que

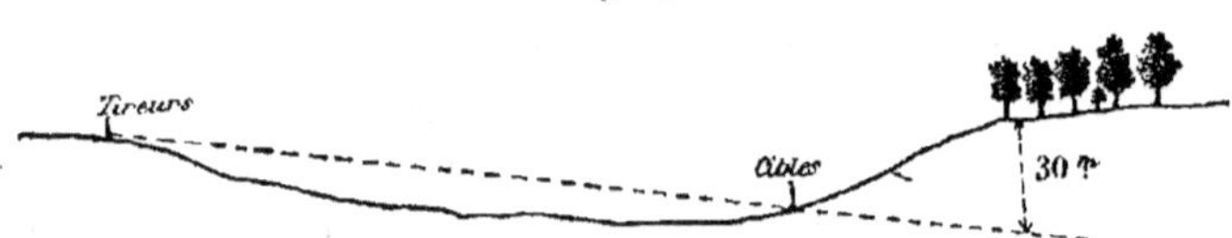

Fig. 11.

les lignes de tir seront toujours choisies de façon à passer en
dehors de ces arbres [1].

On peut placer les tireurs à beaucoup moins de 2 000 mètres
d'un bois de haute futaie lorsque ce bois se trouve au moins à
30 mètres en dessous du plan de tir et en haut d'une pente d'au

---

[1] Nous avons commandé une manœuvre avec feux réels sur un terrain
dans ces conditions, dans laquelle, après avoir tiré 288 obus de 80 et de 75,
et 35 000 cartouches modèle 1886, il n'y a eu qu'un seul arbre abîmé par un
obus et aucun ne l'a été par les balles

Nous avons commandé une autre manœuvre dans laquelle on a tiré 50.000
cartouches et 2 0 obus sur un terrain comprenant plusieurs routes bordées
de grands arbres et des bois ou boqueteaux dans lesquels on n'a commis
aucun dégât.

moins 20 p. 100, capable par conséquent d'empêcher la grande majorité des ricochets d'aller au delà.

III. *Profondeur du terrain battu.* — Sauf en cas de départ accidentel et anormal d'un fusil qui n'est pas en joue, aucun coup de plein fouet ne dépasse sensiblement la portée de 2 000 mètres dans les tirs de combats collectifs.

On en trouvera la preuve dans les exemples ci-après où les conditions de dispersion sont très supérieures à celles qui sont réalisées dans tous les tirs exécutés dans les corps de troupe, même à titre d'expérience.

Un tir rapide médiocre, exécuté avec la hausse de 1700 mètres, envoie ses balles de plein fouet les plus hautes à 2 000 mètres des tireurs en terrain plan.

Un feu trois fois plus dispersé que le tir rapide et qui aurait des écarts égaux à ceux de l'ancien feu d'attaque, qui consistait à tirer en marchant et en plaçant le fusil à l'épaule, envoie ses balles de plein fouet les plus éloignées, en terrain plan, à 2 600 mètres des tireurs, lorsque le tir est dirigé sur des cibles à 1100 mètres des tireurs.

La profondeur du terrain battu par les balles de plein fouet dans les tirs les plus dispersés, avec le fusil modèle 1886, ne dépasse donc jamais 2 000 mètres. Cette profondeur est inférieure à celle qui est battue par les ricochets en terrain plan, soit 2 100 mètres.

La profondeur du terrain que l'on doit considérer comme battu dans les champs de tir dépend, pour tous les genres de tir, de la portée maximum que peuvent avoir les ricochets sur ce terrain.

La profondeur du terrain battu pourrait s'élever à 2 500 mètres si le sol était couvert d'une croûte glacée.

Lorsque, dans le fond d'un terrain de tir de circonstance, il se trouve une hauteur d'au moins 60 mètres de relief au-dessus du plan de tir et dont les pentes ont une inclinaison de plus de 20 p. 100 sur la plus grande partie de cette hauteur, la zone du terrain réellement battu en profondeur se trouve limitée à une vingtaine de mètres au-dessus des objectifs et la zone de sécurité peut être limitée soit à la crête de la hauteur, soit encore, si l'on est dans de hautes montagnes, à 200 mètres au-dessus de l'horizontale passant par les tireurs et à 100 mètres au moins au-dessus des objectifs.

Lorsque le terrain immédiatement en avant des tireurs est suffisamment au-dessous des trajectoires pour qu'il n'y ait à craindre aucun ricochet loin en avant des objectifs et lorsque les

Fig. 12.

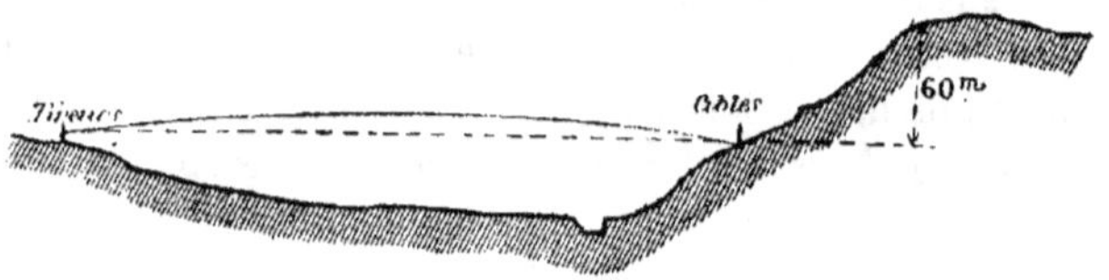

objectifs sont placés sur une pente ascendante à plus de 20 p. 100 de et plus de 60 mètres de hauteur au-dessus des objectifs, le terrain battu se trouve limité à quelques dizaines de mètres sur le flanc et au delà de l'objectif. Dans ce cas aussi, la zone de

Fig. 13.

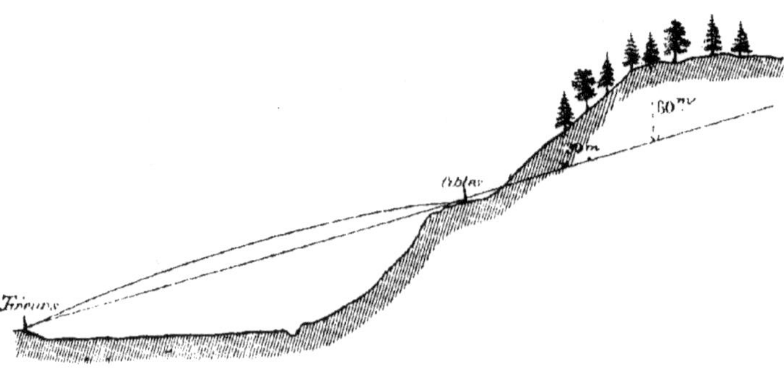

Fig. 14.

sécurité peut être limitée à une centaine de mètres sur les flancs et au delà de l'objectif.

On serait dans ces conditions sur les terrains représentés par les figures 12, 13 et 14.

IV. *Largeur du terrain battu.* — Les plus grands écarts en direction des coups de plein fouet de tireurs très maladroits, mais *qui voient le but et qui visent l'objectif désigné*, ne dépassent pas 30 mètres par kilomètre de portée.

En raison des ricochets, le terrain dangereux s'étend effectivement à 250 mètres à droite et à gauche des directions extrêmes du tir lorsque le terrain est plan et pierreux.

Le terrain rendu dangereux par les ricochets s'étendrait au plus à 20 mètres à droite et à 80 mètres à gauche des directions extrêmes du tir, si, comme cela a lieu sur certaines plages sablonneuses et dans les plaines de la Champagne pouilleuse, le sol n'avait aucune pierre.

Dans les tirs de combat, il y a beaucoup moins à craindre les écarts en direction dus à la seule maladresse des mauvais tireurs que les écarts bien plus considérables que commettent les tireurs d'adresse quelconque, qui tirent sur un point autre que l'objectif désigné soit parce qu'ils ne voient pas cet objectif, soit, bien plus souvent encore, parce qu'ils n'ont pas compris la désignation qui a été faite de l'objectif et qu'ils en ont visé un autre.

On doit s'attendre à avoir des écarts en direction, souvent très considérables, si l'on n'élimine pas de la troupe qui exécute les feux tous les hommes qui ont mauvaise vue et aussi ceux qui, dans les exercices journaliers, ont été reconnus être sujets à ne pas comprendre les désignations d'objectifs.

Dans les terrains pour tirs de combat dont les dimensions sont relativement restreintes en direction, il ne faut pas mettre d'objectifs qui soient peu visibles, qui soient à demi masqués et surtout qui puissent être confondus avec des haies, des murs, des levées de terre, etc., faute de quoi on peut s'attendre à avoir des balles qui seront tirées dans des directions faisant des angles assez grands avec la direction de l'objectif choisi et désigné.

Les écarts de cette nature sont, au contraire, peu à craindre lorsque le sol est nu et lorsqu'il est orienté de telle sorte que les objectifs soient bien éclairés et bien visibles ;

Lorsque, le temps étant légèrement brumeux, le soleil se trouve peu élevé au-dessus de l'horizon et dans la direction des cibles, ces dernières, quelle que soit leur couleur, paraissent grises et se distinguent difficilement des objets naturels avoisinants, tels que haies, murs, levées de terre qui, dans ce cas, ont la même teinte grise que les cibles.

En faisant tirer dans ces conditions, on peut s'attendre à avoir une forte proportion des balles qui seront dirigées sur d'autres points que sur les cibles désignées, surtout lorsque la distance dépasse 400 mètres.

Lorsque le soleil est très bas sur l'horizon et dans la direction des cibles, les tireurs peuvent se trouver éblouis par le soleil et dans l'impossibilité de voir les objectifs et surtout de les viser.

Dans les cas ci-dessus, on doit attendre pour commencer le tir que le soleil ait monté ou arrêter le tir si c'est le soir.

Il y a très peu de terrains de tir, en France, qui soient assez grands pour que l on puisse, sans danger, y faire des expériences au sujet d'une diminution de la visibilité des objectifs sur les effets du feu de l'infanterie.

Dans les terrains de tir relativement étroits, on doit multiplier les gradés en arrière des tireurs, de façon qu'un gradé n'ait à surveiller la direction des fusils que de cinq à six hommes et qu'il puisse arrêter de suite le tir de ceux qui dirigent leur fusil dans une direction dangereuse.

Lorsqu'un champ de tir de circonstance est uniquement destiné aux tirs de combat individuels des tireurs de 1re et de 2e classe, la profondeur et la largeur du terrain battu ne dépasse pas celle que battent les ricochets sur ce terrain.

Un terrain de tir pour tirs de combat individuels peut être réduit à une bande très étroite lorsque les conditions de pente sont analogues à celles représentées figures 11, 12 et 13.

On voit par ce qui précède que les terrains de tir de combat pourront, en général, avoir des dimensions beaucoup moindres tant en largeur qu'en longueur, lorsqu'ils sont choisis en pays montagneux que lorsqu'ils sont en plaine.

Même dans les montagnes, où les habitations sont nombreuses et dispersées comme elles le sont dans les Vosges, on peut trouver de nombreux terrains de tir de combat pour faire tirer aux distances moyennes de petits groupes de tireurs.

Il arrive souvent dans les montagnes de cette sorte qu'un champ de tir de circonstance, qui est d'autre part dans de très bonnes conditions, ne peut être proposé ou accepté parce qu'il s'y trouve une maison gênante.

Dans la majorité des cas, il serait facile d'obtenir des occupants de cette maison qu'ils l'abandonnent, moyennant une indemnité assez faible, pendant les quelques heures que dure un tir de circonstance. Jusqu'à présent on n'a jamais alloué de crédit aux corps pour des dépenses de cette nature.

V. *Tracé des limites d'un terrain de tir éventuel ou de circonstance pour tirs de combat collectifs.* — Nous allons indiquer dans ce qui suit les limites que devrait avoir un terrain pour tirs de combat collectifs, tracé dans un pays de plaines ou de collines à faible relief.

KL étant la limite que les balles ne doivent pas dépasser (*fig.* 15), la position la plus avancée des tireurs sera BC à 3 200 mètres de KL. La position la plus éloignée pour les tireurs imposée par le terrain ou d'autres considérations est supposée être AD.

Sur ce terrain, les tireurs et les cibles peuvent être placées dans tout le polygone ABCD.

Des cibles, mais non des tireurs, pourront être placées dans le polygone BEFC. Le terrain que l'on peut battre est limité par le polygone ABFEHCD qui forme ainsi le périmètre de la *zone battue.*

La *zone de sécurité* comprend :

1º Une bande sur chaque flanc de la zone battue ;

2º Une bande EKLF (*fig.* 15) prolongeant la zone battue et s'étendant depuis la distance de 2 100 mètres jusqu'à 3 200 mètres de la position BC, qui est la plus avancée que doivent prendre les tireurs.

La bande de sécurité sur les flancs peut varier de largeur suivant les circonstances.

Dans les conditions moyennes, on sera dans de bonnes conditions en lui donnant de 0 à 2 000 mètres une forme triangulaire et une largeur de 500 à 2 000 mètres des tireurs. Il est suffisant de conserver cette largeur aux distances de 2 000 à 3 200 mètres ; avoir une largeur nulle à hauteur des tireurs et à l'origine du terrain de tir.

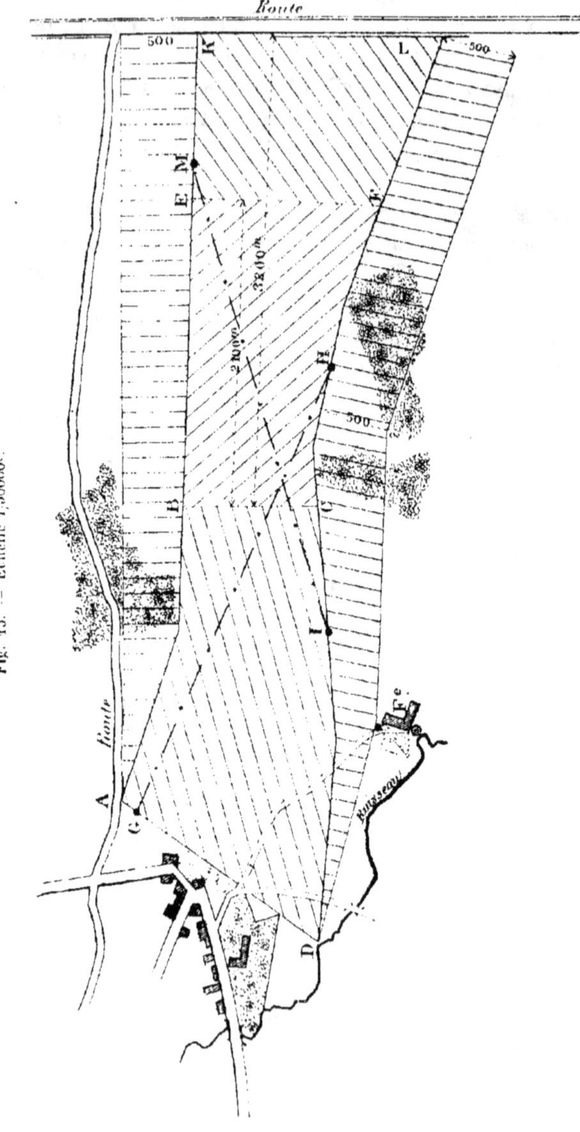

Fig. 13. — Échelle 1:50000.

La largeur de la zone de sécurité pourrait être réduite à 300 mètres sur les flancs si le terrain que l'on doit laisser en dehors de la zone de sécurité n'était que rarement fréquenté. Si, au contraire, il se trouvait sur un des flancs du terrain de tir un groupe important d'habitations ou un passage très fréquenté, il serait prudent de donner à la zone de sécurité sur ce flanc une largeur de 400 mètres par 1000 mètres de portée.

Dans les terrains où il ne doit pas se produire de ricochets, en raison de la distance à laquelle les trajectoires passent du sol en avant des tireurs, on pourrait réduire sensiblement les zones de sécurité si, en même temps, le terrain était tel que les buts y soient très visibles et ne puissent être confondus avec des objets naturels.

La zone de sécurité pourrait être limitée à la crête des hauteurs, s'il y avait, au fond du terrain, des hauteurs suffisantes pour arrêter toutes les balles tirées.

Sur le terrain représenté figure 15 on pourra utiliser des lignes de tir, telles que G H ou I M, qui ont une longueur de 3 200 mètres sans sortir de la *zone battue*.

Les vedettes ou plantons chargés d'interdire la circulation sur le terrain de tir doivent être placés à l'extérieur de la zone de sécurité et, en général, sur les limites de cette zone.

CHAPITRE VIII.

CHAMPS DE TIR DES SOCIÉTÉS CIVILES.

I. *Conditions générales à remplir*. — Une circulaire du 5 septembre 1900 autorise les sociétés de tir à recevoir des fusils et des cartouches modèle 1886 et à les tirer dans leurs stands ou champs de tir, à condition que ceux-ci aient été reconnus par une commission militaire, et de satisfaire aux conditions voulues de sécurité. Il est donc utile, pour les officiers, d'être fixés au sujet des conditions que doivent remplir ces champs de tir.

Les tireurs qui viennent s'exercer dans les champs de tir des sociétés civiles comprennent une assez forte proportion de jeunes gens qui viennent là pour apprendre à tirer. Ces tireurs sont encore moins sélectionnés et sont moins instruits que ceux de l'armée.

Les écarts à craindre de la part de ces tireurs sont pour le moins égaux à ceux que nous avons indiqués comme possibles dans les corps de troupe.

Le seul genre de tir pratiqué dans les sociétés civiles est le tir lent individuel avec les fusils modèle 1874 et modèle 1886.

Les champs de tir des sociétés civiles doivent donc satisfaire aux mêmes conditions que les champs de tir militaires pour tirs individuels.

Il y a lieu, toutefois, de tenir compte des faits ci-après :

La plupart des champs de tir des sociétés civiles ne sont utilisés que le dimanche, jour où il y a assez peu de circulation dans les champs.

Le nombre de cartouches que l'on tire sur ces champs de tir est relativement restreint. La probabilité d'accidents par des balles échappées est d'autant moindre que le nombre de coups tirés est lui-même moins élevé.

L'État n'est pas responsable des accidents résultant de l'exécution du tir.

Les propriétaires des terrains aux abords des champs de tir réclament moins dans le cas où quelques balles sortent des champs de tir appartenant à des sociétés civiles que lorsqu'il s'agit de terrains de tirs militaires.

En adressant des plaintes et des réclamations au sujet des dangers plus ou moins sérieux que leur fait courir l'exécution des tirs militaires, ces propriétaires ont l'espoir d'obtenir de l'État des indemnités ou des expropriations. Ils sont moins réclameurs ou chicaniers quand il s'agit des sociétés civiles, parce qu'ils n'ont généralement pas l'espoir de pouvoir en obtenir d'indemnités sérieuses, et quelquefois aussi parce qu'ils ne veulent pas être désagréables à ces sociétés.

Il est généralement facile, à une société de tir, d'établir un champ de tir de 200 mètres, lorsqu'on se trouve dans un pays de montagnes ou de collines. L'établissement d'un pareil champ de tir, à l'air libre, n'est, au contraire, possible en pays de plaine que si, au delà de la butte, on peut disposer d'un terrain de 2 000 mètres de profondeur, sur lequel la circulation soit interdite pendant l'exécution du tir.

II. *Stands.*— Les sociétés de tir des grandes villes font, généralement, construire des stands pour pouvoir tirer dans les faubourgs de la ville, malgré la proximité d'habitations ou de terrains sur lesquels la circulation est fréquente. Ces stands doivent être organisés de façon qu'aucune balle ne puisse sortir des limites du stand.

Ces stands comportent, en dehors de la baraque qui sert d'abri et de poste aux tireurs, au moins deux paraballes généralement percés de fenêtres étroites par lesquelles doivent passer les balles tirées.

Au fond du champ de tir, il y a généralement un mur revêtu de rondins de bois ou encore une butte en terre dans laquelle viennent s'arrêter les balles.

La commission chargée de l'examen d'un stand de cette espèce doit s'assurer, en se plaçant aux postes des tireurs, que, quelle que soit la position de ceux-ci, leurs balles de *plein fouet* se trouveront arrêtées, dans tous les cas, par la butte ou par les paraballes.

Elle doit déterminer la zone où porteront, de plein fouet, les balles qui, partant accidentellement, auraient passé au-dessus du premier paraballe.

Il est fréquent que des balles rencontrent l'arête des fenêtres des paraballes. Les bords de ces fenêtres sont presque toujours garnis de plaques d'acier. Ces plaques doivent avoir au moins un centimètre d'épaisseur pour ne pas être rapidement mises hors de service par le tir des balles modèle 1886.

Les balles qui atteignent les arêtes des plaques des fenêtres s'y brisent et s'y pulvérisent plus ou moins complètement, suivant la portion de leur diamètre qui se trouve rencontrer l'arête de la plaque.

Les éclats des balles ainsi brisées sont très divergents. Les plus gros de ces éclats pourraient aller à 200 mètres environ en dehors de la ligne de tir, s'ils n'étaient pas arrêtés par des écrans.

Pour arrêter ces éclats, fort dangereux et très fréquents, il faut que chaque fenêtre des paraballes soit prolongée par un tunnel en planches ou en maçonnerie, d'environ 10 mètres de long, terminé à son extrémité antérieure par une autre fenêtre, à peine plus large que la fenêtre antérieure d'un paraballe.

Lorsque le tunnel est en planches, il faut que les deux ou trois premiers mètres qui se trouvent près de la fenêtre du paraballe soient blindés avec des plaques de tôle de fer d'au moins 3 à 4^{mm} d'épaisseur.

Faute de cette précaution, les gros éclats de balle perceraient fréquemment les planches du tunnel et s'échapperaient en dehors, même si, en ce point, il y avait deux ou trois épaisseurs de planches. En tous cas, les planches seraient rapidement mises hors de service près de la fenêtre du paraballe.

Le deuxième paraballe doit être muni de tunnels comme celui qui est le plus rapproché des tireurs.

Les ricochets des balles modèle 1874 se font suivant les mêmes lois que ceux des balles du fusil modèle 1886. Toutefois, la portée des ricochets des balles modèle 1886 est environ un tiers plus grande et leur pénétration est notablement plus grande. Un stand bien organisé pour arrêter les ricochets des balles du fusil modèle 1874 arrêtera également ceux des balles modèle 1886 si l'épaisseur et la résistance des écrans sont suffisantes.

Lorsqu'un stand aura été utilisé depuis longtemps pour le tir du fusil modèle 1874, et n'aura donné lieu à aucune plainte, on pourra généralement y autoriser le tir avec le fusil modèle 1886, en tenant compte des réserves faites ci dessus.

La Société française des Munitions fabrique, pour le tir avec le fusil modèle 1886, dans les stands des sociétés civiles, des cartouches dont la balle n'a pas d'enveloppe de maillechort sur l'ogive.

La vitesse initiale de ces balles est d'environ 530 mètres, et est de 100 mètres inférieure à celle des cartouches de guerre; leur pénétration est inférieure à celle des cartouches de guerre.

Ces cartouches ne sont, toutefois, pas beaucoup moins dangereuses à tirer dans un stand que les cartouches de guerre. Elles ont, en outre, l'inconvénient d'être d'un prix plus élevé et d'avoir un peu moins de précision.

PARIS. — IMPRIMERIE R. CHAPELOT ET Ce, 2, RUE CHRISTINE.

PARIS. — IMPRIMERIE R. CHAPELOT ET Cⁱᵉ, 2, RUE CHRISTINE.